AF467125

UNE

ATTEINTE

A LA

PROPRIÉTÉ LITTÉRAIRE

BOULOGNE-SUR-MER
IMPRIMERIE VEUVE CHARLES AIGRE

MDCCCLXXX.

UNE ATTEINTE

A LA

PROPRIÉTÉ LITTÉRAIRE

EXPOSÉ DES FAITS

Je poursuis la maison de librairie Calmann Lévy, en justice, pour avoir réparation du dommage qu'elle m'a causé, en publiant dans un troisième volume de la *Correspondance Générale de Sainte-Beuve* des lettres de cet écrivain qui m'appartiennent et dont je m'étais déjà fait l'éditeur dans un volume où je m'étais réservé tous mes droits conformément à la loi. Le libraire Calmann Lévy, sans me prévenir, sans dire d'où il avait tiré ces lettres, m'en a spolié pour en faire son bien et son profit. Ce sont celles écrites par Sainte-Beuve à l'abbé Eustache Barbe, au nombre de dix-sept ; celles à *un compatriote* (moi-même) au nombre de dix, et une à M. Laisné ; au total vingt-huit lettres. Sauf une seule il m'a pris toutes celles à l'abbé Barbe ; et ne m'a laissé que la moitié des miennes, jusqu'à user de mes propres notes, pour les faire siennes, ainsi que cela sera relevé au procès. En résumé il a fait entrer dans son troisième volume les trois-quarts, ou environ, de ce qui compose la correspondance de Sainte-Beuve dans le mien, et il en a pris tout le meilleur, bien entendu.

J'ai cru qu'un tel acte de spoliation exécuté avec cette hardiesse ne devait pas rester dans l'ombre, et qu'il y avait pour celui qui en était la victime devoir et conscience de le dévoiler. C'est ce que j'entreprends ici, préalablement à l'action que j'intente à M. Calmann Lévy, devant les tribunaux. Je ne m'y suis pas résolu néanmoins sans avoir essayé de l'amener à un arrangement amiable, pour lui éviter l'éclat d'un procès. On en aura la conviction par la lecture des Documents que je vais produire ; toutes pièces d'une source irrécusable et d'une autorité inattaquable. Elles établissent que dès le jour où j'ai décidé et annoncé que je publierais les lettres de Sainte-Beuve qui étaient en ma possession, M. Troubat, le légataire de Sainte-Beuve, loin d'y prétendre aucun droit personnel, était le premier à désirer que je les publiasse et à m'y encourager. Dans une note au bas de la page 156 de ses *Souvenirs et Indiscrétions*, publiés en 1872 chez Michel Lévy frères, il disait : « La correspondance de Sainte-Beuve avec l'abbé Barbe n'a cessé qu'en 1865. Elle va être publiée, m'écrit-on, par M. Morand de Boulogne-sur-mer, bien connu par ses publications et recherches sur l'histoire littéraire du Boulonnais.

M. l'abbé Barbe lui aurait confié les lettres de M. Sainte-Beuve. » Certes ce n'était pas là une protestation. Et quand il m'écrivait à moi-même, le 6 juillet 1870 : « Publiez ces lettres qui sont précieuses, et faites-nous les lire vite, » il ne protestait pas davantage.

Le libraire Calmann Lévy, qui prétend aujourd'hui avoir acquis légitimement le droit de publier la correspondance de Sainte-Beuve, sans dire de qui ni comment il a acquis ce droit, ne veut pas remonter sans doute, pour en justifier, jusqu'au temps où j'allais publier la mienne. J'avais d'abord choisi ses prédécesseurs, les libraires Michel Lévy, pour en être les éditeurs. Comment répondit-on de cette maison à la proposition que je lui fis à cet effet ? « Nous serions bien mal venus, en vérité, à refuser de *mettre notre nom* sur une publication émanant de l'illustre écrivain qui fut notre ami, et dont nous avons été les derniers éditeurs » (lettre du 13 février 1872). Et, dans une autre lettre du 5 mai 1872 : « Nous acceptons, comme nous vous l'avons déjà dit, d'en être les éditeurs, mais nous vous prions, s'il en est encore temps, de nous envoyer, avant de tirer, le titre, la fin et la couverture. Nous désirerions y *donner le cachet de notre maison;* c'est une simple *tournure typographique à imprimer à un livre.* »

Qu'étaient donc pour moi les libraires Michel Lévy ? Des *prête-noms* acceptant de mettre en vente chez eux et à leur marque, le volume dont j'étais l'auteur, et non des ayants droit; si bien même que, dans leur lettre du 13 février, ils me demandent si je me suis entendu avec M. Troubat pour ma publication. Mais c'était M. Troubat lui-même qui tenait la plume, en se blotissant derrière eux pour leur souffler cette question ! Or, je n'avais pas à m'entendre avec M. Troubat, qui le savait bien, lui, et qui s'était déjà suffisamment expliqué en m'écrivant : « *publiez ces lettres.* »

On verra aux Pièces, pourquoi je renonçai à les publier chez Michel Lévy frères, sans que de leur part, ni de celle de M. Troubat, il se soit élevé aucune réclamation. Le volume parut à la *Librairie Académique* Didier & Cie, au mois de juillet 1872. Quatre ans après, l'idée vint à M. Troubat de donner une Correspondance Générale de Sainte-Beuve; il voulait y comprendre les Lettres dont j'avais formé mon volume, et y faire entrer jusqu'à celles que j'avais gardées en portefeuille et dont il me demandait la communication. Pour celles qui avaient déjà paru dans mon volume, il me faisait valoir, par amorce ou allèchement, que « Lévy *n'en aurait pas la primeur.* » Voilà bien un propos de compères en foire. Je refusai tout consentement et toute communication, et sans insister, M. Troubat fit paraitre en 1877 le premier volume, et en 1878 le second de la *Correspondance Générale de Sainte-Beuve*, chez Calmann Lévy, en s'abstenant d'y insérer mes lettres de l'édition des *Jeunes Années de Sainte-Beuve*.

Très certainement, il s'était arrêté devant mes défenses.

Mais, en 1880, parut le troisième volume de cette Correspondance Générale ; et alors, on s'y donna libre carrière, pour me piller à loisir et subrepticement. Ce troisième volume est annoncé comme *Nouvelle Correspondance de C.-A. Sainte-Beuve, avec des notes de son dernier secrétaire.* Tout naturellement, on devait y voir l'œuvre de M. Troubat. Mais M. Calmann Lévy en réclame toute la responsabilité ; il l'aura, je ne demande pas mieux qu'il en porte tout le poids. C'est ici que commence, dans les Pièces Justificatives, jointes à cet exposé, sa correspondance avec moi. Il s'y met parfaitement à l'aise ; il y tranche du jurisconsulte, et prétend établir son droit de m'arracher mes Lettres et de se les approprier, sur une *jurisprudence solidement établie ;* encore un mot qu'on lui a soufflé. M. Calmann Lévy est, sans contredit, un parfait spéculateur en librairie ; mais je crois qu'il sait mieux placer et vendre des livres qu'en raisonner ; et il émet, sur la propriété littéraire, des théories curieuses. « Vous possédez, me dit-il, des lettres de Sainte-Beuve, qu'il vous a écrites, et vous vous en croyez le propriétaire ; détrompez-vous. Vous n'avez que le papier ; ce qui y est écrit n'est pas à vous ; nous allons l'abstraire ; j'aurai, moi, l'écriture, et il vous restera le papier ! » Voilà, avec quel aplomb raisonne M. Calmann Lévy ; et comment en se frottant, sans doute, les mains d'avoir si bien trouvé, il s'écrie très haut : c'est la jurisprudence, c'est le droit. Laissons le droit aux tribunaux qui auront à l'appliquer; et restons, jusque-là, dans les termes du bon sens, pour montrer au public, à ceux qui ont les lumières les plus ordinaires de l'intelligence, combien sont monstrueuses, pour ne pas dire folles, les prétentions de M. Calmann Lévy. Selon ce grand libraire (et si cela court à l'étranger, je lui réponds qu'on en rira fort, pour la librairie française), l'homme qui écrit une lettre à un autre homme, n'importe à quelle fin, ne rend ce dernier propriétaire que d'une feuille de papier; ce qui lui est écrit à lui, pour lui, et est demeuré en ses propres mains, ne lui appartient pas et reste la propriété de l'auteur de la lettre. « L'œuvre du *génie* ou de *l'esprit,* » dit M. Calmann Lévy, à propos de lettres d'intimité, entre amis, où l'on s'entretient quelquefois sur des riens! Et voilà, tout de suite, ces lettres, de simples billets mêmes, transformés en œuvres qui doivent rester la propriété de l'*auteur*. Celui qui les a reçues, pour qui elles ont été écrites, aura le droit de les détruire, de les donner, de les vendre, de les faire passer publiquement dans des collections, sans réclamation *légale d'auteur;* mais, s'il veut les publier, elles ne lui appartiennent plus. Il est arrivé que des écrivains célèbres ont cherché à retirer leurs lettres des mains de leurs correspondants; mais, ils n'ont jamais prétendu que ceux-ci fussent tenus de les leur rendre et n'en restassent pas les propriétaires absolus. Et que deviendraient, avec un pareil système, ces grands marchés d'*Autographes*, où, chaque jour, nos célébrités en tout genre, voient mises à l'encan, de leur vivant, leurs propres correspondances? Vous figurez-vous l'une de ces célébrités, tombant à l'improviste, au milieu d'une de ces ventes et y faisant opposition, au nom de la logique de M. Calmann Lévy, en disant : « Laissez-moi retirer mon écriture, et je vous laisserai le papier! »

Je n'ai pas à juger, ici, littérairement, la publication des trois volumes de la *Correspondance Générale de Sainte-Beuve*. Elle est mal faite, sans ordre, avec des incorrections et des erreurs notables. Elle a été regardée, dans les appréciations des journaux, comme un échec à la mémoire de Sainte-Beuve, et comme un désappointement pour les amis de sa renommée. Je signale notamment, aux *Pièces justificatives*, au sujet de la lettre à l'abbé Barbe, du 1er octobre 1836, (page 42 du tome IIIe,) une supercherie, qui, heureusement se dévoile d'elle-même, à force de maladresse, par son texte et la note qui a voulu l'expliquer. Cette lettre se termine par un alinéa qui n'est pas de Sainte-Beuve, et que voici :

« Il est aussi des douleurs, une douleur qu'en causant avec toi, il me serait difficile de ne pas toucher ; je la toucherais seulement, ô mon ami, respectant ta profession grave et scrupuleuse ; je la toucherai pourtant, et tu me le pardonneras, car

*

elle est au fond de mon cœur, et puis la douleur religieusement gardée, consacre, purifie, expie beaucoup. »

Quel est l'auteur de ce ridicule paragraphe ? Est-ce M. Troubat ? Est-ce M. Calmann Lévy ? Peu m'importe. Il me suffit qu'il soit faux ; et je le signale.

Cela dit, j'arrête ici cet Exposé. Ce que j'aurais à y ajouter se lira mieux aux *Pièces justificatives*, et j'y renvoie pour ne pas me répéter.

François Morand.

Boulogne-sur-mer, 10 Octobre 1880.

PIÈCES JUSTIFICATIVES

I

A M. François MORAND, juge à Boulogne-sur-mer,

Ce 6 juillet 1870.

Cher monsieur Morand,

J'arrive d'un nouveau voyage et je trouve votre lettre. Elle répond d'avance à l'un de mes vœux les plus chers, et que j'ai exprimé dans un petit travail qui va très prochainement paraître à la librairie Michel Lévy. J'ai bien l'honneur de connaître le nom de M. l'abbé Barbe, l'un des plus anciens amis, en effet, de M. Sainte-Beuve et dont il m'a bien souvent parlé. Je sais qu'ils se promenaient ensemble sur le bord de la mer dans leur jeunesse à Boulogne, et que le sujet de leur entretien était tout philosophique et des plus élevés, chacun dans leur sens. *Publiez ces lettres* qui sont précieuses, *je ne demande pas mieux, et faites nous les lire vite.*

Je suis votre tout dévoué,

Jules TROUBAT.

II

A M. F. Morand, à Boulogne-sur-mer,

Paris, le 13 février 1872.

Monsieur,

......Quant à la proposition que vous nous faites d'être les éditeurs d'un recueil de Lettres inédites et *posthumes* de Sainte-Beuve, nous serions bien mal venus, en vérité, à refuser de *mettre notre nom* sur une publication émanant de l'illustre écrivain qui fut notre ami, et dont nous avons été les derniers éditeurs. Nous acceptons la proposition que vous nous faites. Mais, vous êtes-vous déjà entendu avec M. Troubat pour cette publication ?

Veuillez agréer, monsieur, l'assurance de nos sentiments les plus distingués,

Michel Lévy Frères.

III

A MM. Michel Lévy, éditeurs-libraires, à Paris,

Boulogne ce 20 avril 1872.

Messieurs,

Ainsi que j'ai eu l'honneur de vous en informer par mes lettres des 7 et 14 février (1), je mets sous presse une

(1) Je n'ai pas gardé copie de ces lettres.

suite de lettres de Sainte-Beuve en les annotant. Elles sont déjà presque toutes tirées. Le volume est un in-8° imprimé à 500 exemplaires : je lui donne ce titre : LES JEUNES ANNÉES DE SAINTE-BEUVE, *dans sa correspondance, ses écrits et les souvenirs de sa ville natale.* J'entends par *ses écrits* les trois ou quatre poésies où il parle de son jeune âge, du lieu de sa naissance et de ses parents, et que je vous demande de m'autoriser à reproduire ; c'est-à-dire, trois stances des *Rayons jaunes*, du Joseph Delorme ; *l'épître à M. Auguste Le Prévost*, celle *à M*lle *****, des Consolations ; et celle à *l'abbé Barbe*, des Pensées d'Août. J'ajouterai peut-être à ces compositions déjà connues, mais qui auront des *Notes*, deux discours latins de sa Rhétorique à Paris ; et je terminerai le volume par des *Réflexions et jugements de Sainte-Beuve, père, sur le régime de la Terreur.* L'ouvrage sera précédé d'une Introduction qui en fera connaître l'objet et la limite, avec quelques détails de biographie.

La Correspondance de Sainte-Beuve commence à l'année 1818. Je ne crois pas que personne puisse remonter aussi haut, pour parler de lui.

Je compte être prêt à paraître vers la fin de mai.

Veuillez, etc.,

F. MORAND.

IV

A M. MORAND, à Boulogne-sur-mer,

Paris, le 5 mai 1872.

Monsieur,

J'arrive de voyage, et je vous demande pardon d'avoir tant tardé à répondre à la lettre dans laquelle vous nous exposez le plan et le contenu de votre publication sur Sainte-Beuve. Nous sommes très-disposés à vous accorder l'autorisation de faire entrer dans votre ouvrage les strophes de ses poésies que vous nous désignez. Nous acceptons parfaitement, comme nous vous l'avons déjà dit, d'en être les éditeurs ; mais nous vous prions, s'il en est encore temps, de vouloir bien nous envoyer, avant de tirer, le titre, la fin et la couverture. Nous désirerions *y donner le cachet de notre maison ;* c'est une simple tournure typographique à imprimer à un livre.

Veuillez agréer, monsieur, l'assurance de nos sentiments très distingués,

MICHEL LÉVY FRÈRES.

V

A MM. MICHEL LÉVY, éditeurs-libraires, à Paris,

Boulogne, ce 15 mai 1872.

Messieurs,

Il ne m'a pas échappé, comme vous pouvez bien le croire, que les lettres par lesquelles vous m'avez fait l'honneur de répondre à mes intentions de publier, à votre librairie, mon livre sur Sainte-Beuve étaient écrites par M. Troubat. Je trouvais très-naturel que l'ancien secrétaire et l'exécuteur testamentaire de l'écrivain dont vous aviez édité beaucoup de volumes et surtout les *Derniers Lundis*, eût chez vous, pour ces publications, presque une direction que cette correspondance laisse du moins supposer. J'ai conservé personnellement pour M. Troubat beaucoup d'affection et je la maintiens très-sincèrement. Mais, il me faut l'avouer, son volume de *Souvenirs et Indiscrétions*, que je viens de lire, par ses tendances et ses opinions, s'éloigne tout-à-fait des miennes. Mon livre sera entièrement opposé au sien. M. Troubat entraîne son ancien maître tout au plus profond des extrémités malheureuses de sa vie ; et, moi, je m'attacherai à l'en tirer, pour le montrer, à mon sens, meilleur et plus vrai.

Chaque librairie, quand elle a l'importance et la renommée de la vôtre, sans porter pour cela un drapeau, indique un centre et un mouvement d'idées et d'influence qui ont une signification propre. Autant que possible, elle exerce une action, comme elle la reçoit ; et il ne faut point prétendre à ce que, tout en étant libérale, elle n'ait et ses sympathies et ses préférences. Il est clair que mon livre et celui de M. Troubat auraient de la peine à s'y rencontrer sans s'y heurter ; et, tout naturellement, le mien y aurait le dessous.

Permettez-moi, dès-lors, messieurs, de vous offrir mes regrets de me voir amené à renoncer à l'hospitalité que vous aviez bien voulu m'accorder. Je l'avais désirée par choix : j'espère que dans une autre occasion vous ne me tiendrez pas rigueur de n'en avoir pas usé.

Veuillez agréer,

F. Morand.

VI

A M. F. Morand,

Boulogne, le 28 juin 1872.

Cher monsieur,

J'ai été, il y a quelques jours, pour vous faire ma visite, mais j'ai eu la mauvaise chance de ne pas vous rencontrer.

J'avais à vous remercier de votre excellent travail. C'est vraiment un service inappréciable rendu à la mémoire de Sainte-Beuve, et une consolation, à un certain degré, pour les gens de bien qui s'intéressaient à lui. Vous plaidez les *circonstances atténuantes*, dans un esprit d'indulgence sans doute, mais aussi avec une véritable équité et les pièces en main.

Au sujet de sa fin déplorable, vous émettez quelques conjectures qu'il est sage de ne pas rejeter absolument. Sur l'acte scandaleux du Vendredi, vous faites à chacun sa part, et l'on saura désormais que la part la plus odieuse n'est pas celle de Sainte-Beuve.

En somme, j'ai été charmé de votre livre, et je vous sais gré de vos efforts pour réhabiliter un peu, s'il est possible, la mémoire de notre ancien ami.

Tout à vous,

E. BARBE.

VII

A M. l'abbé BARBE,

20 février 1875.

Cher monsieur,

Je ne trouve pas dans les originaux de *Sainte-Beuve* dont vous m'avez fait si gracieusement l'abandon, ceux des lettres première et troisième publiées dans mes *Jeunes Années*. Ils sont sans doute restés dans le paquet où vous les conserviez avec d'autres qui ne sont pas de *Sainte-Beuve*, et j'espère que vous les y retrouverez pour me rendre un possesseur tout à fait heureux.

Dès que je pourrai vous procurer la lecture de l'étude de M. O. d'Haussonville, je m'empresserai de vous la communiquer.

Je tirerai grand profit de notre entretien de ce soir et j'aurai un vrai plaisir à le reprendre, quand je serai sûr qu'il vous fatiguera moins de causer.

Veuillez, cher monsieur, agréer, de nouveau, tous mes remerciements, avec l'expression de mes plus affectueux respects,

F. MORAND.

VIII

A M. F. MORAND,

2 mars 1875.

Cher monsieur,

Je viens d'adresser à M. le vicomte d'Haussonville ma lettre de remerciements pour son *Etude sur Sainte-Beuve.* Je vous remercie de grand cœur de m'en avoir procuré la lecture ; lecture attachante au plus haut degré, triste en somme et aussi d'un grand enseignement. Au moins, les extraits de lettres donnés par M. d'Haussonville seront-ils une consolation et une lueur d'espoir.

Malgré la rigueur persévérante de la saison, mon état de santé s'est amélioré sensiblement, en attendant qu'une saison plus douce mer établisse tout à fait, s'il plaît à Dieu.

Tout à vous, E. BARBE.

P.-S. — J'ai profité de l'occasion pour donner à M. d'Hauss. quelques éclaircissements sur le fait de la confession de S.-B. à l'abbé Dufour pendant ses vacances ; fait sur lequel M. d'H. paraissait éprouver quelque hésitation.

IX

A M. F. Morand,

Paris 17 novembre 1876.

Cher monsieur,

Je suis sur le point de livrer à l'impression la Correspondance Générale de Sainte-Beuve, et je viens vous demander si, indépendamment des lettres que vous avez publiées dans *les Jeunes Années de Sainte-Beuve*, vous ne pourriez pas m'en communiquer encore quelques-unes.

Dans une battue générale que j'ai faite, ces jours-ci, dans les papiers de Sainte-Beuve, j'ai retrouvé quatre lettres très-anciennes de M. l'abbé Barbe. S'il vous plaît que je vous les communique pour en prendre copie, je le ferai bien volontiers.

En recueillant dans la Correspondance Générale, qui doit être complète autant que possible, les lettres que vous avez déjà publiees, et dont, par conséquent, Lévy n'aura pas la primeur, vous voudrez bien me permettre de substituer votre nom à ce titre modeste de *Compatriote* que vous avez pris, et qui déroute le lecteur.

Je vais livrer deux bons volumes ; j'espère qu'ils en feront sortir un troisième des tiroirs où dorment encore des lettres de Sainte-Beuve.

Votre visite de l'an dernier m'a enhardi à vous écrire. Le terrain littéraire est un terrain commun, sur lequel on peut toujours se rencontrer, nonobstant tout autre question qui nous divise, mais ne saurait nous brouiller, ainsi que vous me l'avez prouvé en venant revoir cette chère petite maison.

Agréez, je vous prie, l'assurance de ma confraternité toute dévouée,

Jules Troubat.

X

A M. Jules Troubat,

19 novembre 1876.

Cher monsieur,

Vous m'annoncez que vous allez livrer à l'impression la *Correspondance Générale de Sainte-Beuve* et que vous y ferez entrer ses lettres à l'abbé Barbe ainsi que celles *à un Compatriote* que j'ai publiées moi-même. Vous paraissez, ainsi, croire que ces lettres sont devenues une propriété publique, ou tout au moins qu'elles sont la vôtre, puisque vous voulez en disposer à votre gré. Permettez-moi de vous faire observer que c'est moi qui en suis le propriétaire, l'abbé Barbe m'ayant fait don de celles que Sainte-Beuve lui a écrites, et les autres m'étant personnelles. Une double propriété qui m'en est assurée, c'est la publication elle-même que j'en ai faite dans mes *Jeunes Années de Sainte-Beuve*, avec les réserves légales. Il viendra certainement un jour où toutes les correspondances de Sainte-Beuve pourront être réunies ; mais ce sera lorsque tous les droits de propriété personnelle et distincte seront éteints, et surtout lorsque les intérêts particuliers qui sont garantis et protégés par ces droits n'auront plus de voix à faire entendre. Or, j'ai encore à faire protéger et à défendre ceux de mon livre que vous atteindriez dommageablement pour moi, s'il vous était libre d'en retirer pour en faire votre bien, ce qui est le mien. Je ne vous parle pas de ce que m'a coûté l'édition de ce livre et de ce que j'attends de sa vente pour rentrer dans mes frais. Vous savez cela, et vous ne voulez pas me nuire. J'ai tenu à entrer franchement en explications avec vous, pour qu'il n'y eût aucun doute sur mes intentions et sur nos positions respectives. Je sais qu'il y a un système qui tend à faire admettre que l'homme qui écrit des lettres à ses amis, en reste toujours le maître lui et ses héritiers ; ce qui conduirait aussi à prétendre que les amis n'en sont que les dépositaires. Ce système serait facile à ruiner. Ici pour ce qui nous touche tous les deux, par exemple, vous n'avez connu les lettres à l'abbé Barbe et à un Compatriote, que par la publicité que je leur ai donnée. Si elles étaient restées dans mon cabinet, sachant qu'elles y étaient, vous auriez pu me demander de consentir à vous les communiquer pour votre Correspondance Générale ; mais vous n'auriez jamais imaginé que vous pussiez me forcer à vous les livrer. Il doit en être de même pour ce que j'ai fait imprimer que pour ce que j'ai gardé d'inédit.

Les *Lettres à l'abbé Barbe* sont les plus importantes de toutes celles que Sainte-Beuve a écrites ou pu écrire en sa vie, et elle le deviendront bien plus encore, avec le temps et le calme des jugements. Tout le monde le reconnaît. J'ai eu la bonne fortune de les produire ; et vous trouverez naturel, j'en suis sûr, que je tienne à ce qu'elles me restent, sans partage, comme à une œuvre où j'ai attaché mon nom.

Croyez bien, cher monsieur, qu'en prenant cette résolution, c'est avec un sincère regret de ne pouvoir me rendre à vos vues ; et je compte bien que nos relations n'en demeureront pas moins ce qu'elles ont été, sans influence d'opinions ni de partis, dans les jours et aux lieux où nous nous sommes connus.

Votre bien dévoué,

François Morand.

XI

A MM. Didier et Cie, éditeurs, à Paris,

10 décembre 1876.

Messieurs,

M. Jules Troubat m'a écrit, il y a quelques jours, qu'il allait publier une Correspondance Générale de *Sainte-Beuve* dans laquelle il ferait entrer les lettres à l'*abbé Barbe* et *celles à un Compatriote* (c'est-à-dire à moi-même) que j'avais éditées chez vous dans mes *Jeunes années de Sainte-Beuve*. Il me demandait même ce que j'avais encore d'inédit pour la même publication. Je lui ai répondu qu'étant doublement propriétaire de ces lettres, tant en ce qu'elles m'appartiennent que pour en avoir fait un livre imprimé avec réserve de mes droits, je ne pouvais consentir à ce qu'il les comprît dans sa *Correspondance Générale*.

Je n'ai plus eu de ses nouvelles ; et je pense bien qu'il a compris que je donnerais suite à mon refus par une défense en forme et par une action judiciaire, s'il ne déférait pas aux termes de ma lettre.

J'ai donc à vous informer de ces circonstances afin que vous ayez la bonté de tenir l'œil ouvert sur ce qui pourrait se passer de contraire à mes droits, et de m'en avertir.

La *Correspondance Générale* doit être publiée à la librairie Lévy.

Je vous renouvelle, messieurs, l'assurance de mes meilleurs sentiments,

F. Morand.

XII

A M. Calmann Lévy, éditeur,

9 août 1880.

Monsieur,

J'ai publié en 1872, chez MM. Didier un volume in-8° intitulé les *Jeunes Années de Sainte-Beuve*, composé en sa plus grande partie de lettres écrites par Sainte-Beuve à l'abbé Barbe et à moi-même *(un Compatriote)*. Ma publication a été faite, *tous droits réservés*. Plus tard, M. Troubat me demanda l'autorisation de reproduire ces lettres dans une *Correspondance Générale de Sainte-Beuve*; et il alla même jusqu'à prétendre que je lui communiquasse celles que j'avais gardées en portefeuille. Je lui répondis qu'éditeur et propriétaire détenteur des originaux, je ne pouvais lui accorder ce qu'il me demandait ; et qu'au besoin, si mes droits étaient méconnus, il y avait une justice et des tribunaux qui m'y maintiendraient. — Le cas se présente aujourd'hui. Vous venez de mettre en vente une *Nouvelle Correspondance de Sainte-Beuve, avec des notes de son dernier secrétaire*. Au mépris de mes réserves légales et de mes défenses écrites, ce secrétaire, M. Troubat, y a disséminé toutes les lettres à l'abbé Barbe, et une partie de celles *à un Compatriote*. C'est une spoliation commise par M. Troubat à mon préjudice, et dans laquelle il a engagé votre responsabilité comme éditeur. Mon édition n'est point épuisée et vous me nuisez pour ce qui me reste à vendre. Mon droit à vous actionner tous les deux en réparation est juridiquement incontestable. Je ne l'exercerais pas, qu'il resterait à la charge de M. Troubat, en morale et en procédés, la question de déloyauté ; car il était averti. Je ne lui écrirai pas, mais je vous prie de vouloir bien lui communiquer ma lettre. J'attendrai votre réponse pour le parti qu'il me conviendra de prendre. Je n'ajoute qu'un mot. Pourquoi si M. Troubat a pensé qu'il pouvait me prendre ces lettres, n'a-t-il pas dit, au moins, d'où il les avait tirées et quel était le *Compatriote* auquel Sainte-Beuve avait écrit ? Pourquoi surtout s'y est-il permis des altérations et une addition de son crû, comme l'alinéa qui termine la lettre XX ? J'ai l'original, et cet alinéa n'y est pas. Sainte-Beuve n'écrivait pas de ce style ; et ce qui décèle la supercherie du publicateur, c'est la note au bas de la page. A la date de cette lettre il y avait trois ans que *Volupté* avait paru. D'autres bévues ou infidélités seraient à relever dans les notes de toute la Correspondance Générale de Sainte-Beuve. L'occasion me viendra de les faire ressortir un jour.

Veuillez agréer, monsieur, l'assurance de mes sentiments distingués,

F. MORAND.

XIII

A M. F. MORAND, juge honoraire,

Paris, le 16 août 1880.

Monsieur,

Nous avons bien reçu la lettre que vous nous avez fait l'honneur de nous adresser, le 9 de ce mois. Mon père, M. Calmann Lévy, est aux eaux. Je voulais attendre son retour pour qu'il pût vous écrire lui-même;

mais son voyage se prolongeant, je tiens à ne pas vous laisser plus longtemps sans notre réponse.

Voici, monsieur, les explications que je dois vous donner, après avoir revu nos pièces et examiné l'affaire. Votre lettre, ainsi que la mienne, seront d'ailleurs remises à mon père, dès qu'il sera revenu à Paris, et il ne manquera pas de vous écrire aussi.

Nous avons acquis légitimement le droit de publier la correspondance de Sainte-Beuve.

Nous avons ainsi fait paraître trois volumes, composés soit des lettres qui nous ont été communiquées, soit de celles que nous avons pu découvrir.

Parmi ces lettres se trouve une partie de celles comprises dans le volume que vous avez publié en 1872, et intitulé : *Les Jeunes Années de Sainte-Beuve.*

Il nous semble que ces lettres sont des productions littéraires, non de vous, monsieur, mais de Sainte-Beuve. C'est à lui ou à ses ayants droit qu'appartient la propriété de ces écrits. Par le fait que vous vous trouvez détenteur du papier sur lequel se trouvent transcrites ces productions littéraires, vous pouvez bien être propriétaire ou possesseur du papier, mais l'œuvre du génie ou de l'esprit ne se matérialise pas ; elle reste placée sous la protection de la loi ; elle est propriété de l'auteur.

Nous n'en sommes pas moins disposés, si cela peut vous être agréable, à faire savoir au public, dans les nouveaux tirages que nous ferons, que c'est vous, monsieur, qui êtes la personne à laquelle étaient adressées les lettres à un Compatriote.

Vous avez tort de vous en prendre à M. Troubat, qui a bien voulu se charger de mettre en ordre la correspondance et d'en annoter les passages qui auraient pu paraître obscurs. Là, nous vous l'affirmons, s'est borné son rôle. Nous vous serons reconnaissants si vous voulez bien nous signaler les erreurs qui auraient pu être commises ; nous tiendrons compte de vos observations.

Veuillez agréer, monsieur, l'expression de nos sentiments distingués,

Paul CALMANN LÉVY.

P. S. — Puisque l'occasion s'en présente, je vous serai bien obligé, monsieur, de nous faire savoir en vertu de quelle autorisation vous avec publié votre volume de *Lettres de Sainte-Beuve* (1).

XIV

A M. Paul CALMANN LÉVY,

16 août 1880.

Monsieur

Je reçois la lettre que vous voulez bien m'adresser en réponse à la mienne du 9 de ce mois. Elle me fixe sur ce qu'il m'importait de savoir ; c'est-à-dire auquel de vous, M. Calmann Lévy, ou M. Troubat, je devais faire un procès. Je vois que c'est à votre maison que j'ai affaire ; j'ai votre déclaration, et il ne m'en faut pas davantage. Vous avez sur le droit de propriété, en matière de correspondances privées, des idées et des prétentions que je vous laisse bien volontiers. Je les discuterais inutilement ici ; ce n'est pas notre terrain. Nous verrons comment vous soutiendrez cela devant un tribunal.

Veuillez agréer l'expression de mes sentiments distingués,

F. MORAND.

(1) Sans que l'occasion s'en présente, M. Paul Calmann Lévy voudrait-il bien me dire, à son tour, de quelle autorisation j'avais besoin ?

XV

A M. Calmann Lévy,

Ce 24 août 1880.

Monsieur,

La rédaction de l'*Impartial* (1) vient de me donner communication de la lettre dont vous lui demandez l'insertion dans ce journal. Je serais très-fâché, je vous assure, qu'elle n'y fût pas publiée, et je me joins à vous pour qu'elle y paraisse. Mais croyez en ma sincérité et mon expérience que je mets bien avant mon intérêt personnel, je vous assure aussi que vous vous fourvoyez. N'eussé-je fait que prendre l'avantage de premier occupant (pesez bien ce mot), en publiant les lettres de Sainte-Beuve, j'acquérais un droit qui vous primait. Que sera-ce, quand je m'appuierai sur les lettres de M. Troubat et sur celles de votre propre maison, que vous avez sans doute oubliées, pour démontrer que l'un et l'autre vous connaissiez mes intentions et même mes commencements de publication, et que loin de vous y opposer, vous l'avez au contraire encouragée? Croyez bien que je ne me suis jamais engagé témérairement, et que devant les adversaires avec lesquels je puis accepter la guerre, j'ai toujours le soin d'être armé jusqu'aux dents. Monsieur votre père, me dites-vous, est aux eaux,

(1) L'*Impartial*, journal de Boulogne, avait exprimé son opinion sur le procédé de la maison Lévy, dans un article auquel M. Lévy crut devoir répondre. Sa réponse étant tout bonnement une reproduction de la lettre qu'il m'avait écrite, et qui se trouve au n° XII de mes *Pièces Justificatives*, je n'ai pas à la donner ici.

pour raison de santé. J'attendrai son retour, pour savoir s'il consent à s'embarquer dans ce procès. Je les connais les procès ; j'ai passé quarante ans de ma vie entre les avocats et les jugements, je puis bien vous déclarer que je ne les aime pas (les procès, bien entendu); mais en même temps, je vous proteste, que pour la défense de ce que je sais être mon droit, je ne les crains, ni ne les évite. Je ne me refuse pas, toutefois, à une transaction que vous êtes libre d'accepter ou de rejeter ; et, en ce cas, voici mes conditions à rédiger par acte authentique! Je vous demanderai des dommages-intérêts pour le tort que cause à mon livre, les *Jeunes Années de Sainte-Beuve*, votre reproduction des lettres que vous en avez tirées, sans dire qu'elles en venaient. Je vous laisserai même l'initiative d'en proposer le *quantum;* puis, je vous demanderai encore de prendre l'engagement, sous peines de droit, de ne plus comprendre à l'avenir dans vos correspondances de Sainte-Beuve, soit les lettres de lui que j'ai déjà publiées dans les *Jeunes Années*, soit celles que je pourrai publier encore, à moi appartenant en originaux. Voilà tout le procès. Si, au lieu qu'il soit porté devant les tribunaux, vous acceptez la transaction que je vous propose, il est éteint. Si vous préférez en courir les chances, soit.

Je n'en suis ni gêné, ni inquiet.

Alors, je commencerai par l'instruire devant les libraires, les auteurs, en un mot, devant le public, dans un préliminaire à la procédure, où je produirai la teneur de toute ma correspondance, de celle de M. Troubat et de la vôtre ; et vous verrez que je ne vous ai pas dit, sans raison, que j'étais armé de toutes pièces. Le reste ira de soi, comme sur des roulettes. Encore une fois, monsieur, réfléchissez-y bien ; consultez sérieusement les hommes compétents. Surtout, n'y mettez ni entêtement ni amour-propre ; ce sont de trop mauvais conseillers.

J'attends la décision de monsieur votre père, et vous

prie, monsieur, de recevoir l'expression de ma considération distinguée,

F. Morand.

XVI

A M. Fr. Morand,

Paris, le 25 août 1880.

Monsieur,

L'absence de mon père se prolongeant plus que je ne l'avais espéré, je ne puis rien ajouter ni rien retrancher à ce que j'ai eu l'honneur de vous écrire à la date du 16 de ce mois.

Je vois avec plaisir que nous sommes d'accord au moins sur un point : à savoir, sur la nécessité de la publication dans l'*Impartial* de notre réponse à l'article intitulé : *Une atteinte à la propriété littéraire*.

Veuillez agréer, monsieur, l'expression de mes sentiments distingués,

Paul Calmann Lévy.

XVII

A M. Calmann Lévy,

23 septembre 1880.

Monsieur,

Vous êtes sans doute rentré des eaux, et vous avez pu prendre connaissance de ma correspondance avec monsieur votre fils. J'attendais et j'attends encore votre détermination personnelle, pour prendre la résolution de demander aux tribunaux le redressement et la réparation du dommage que vous m'avez causé, dans le cas où vous n'accepteriez pas la transaction amiable dont je vous ai donné les bases. Si vous avez pu penser que mon silence, depuis cette proposition, était un abandon de mes droits, vous vous êtes trompé. Un grand malheur dont j'ai été atteint dans mes affections de famille, et la survenance des vacances dans les occupations des tribunaux, ont seuls été la cause de cette suspension d'un procès que je persiste à vouloir vous intenter. J'attends votre réponse définitive et vous préviens que j'ai choisi le défenseur qui soutiendra mon action devant le tribunal de la Seine, si vous ne m'accordez pas volontairement satisfaction.

Veuillez agréer, monsieur, l'assurance de ma considération distinguée,

F. Morand.

XVIII

A M. Morand,

Paris, le 27 septembre 1880.

Monsieur,

J'ai l'honneur de vous accuser réception de votre lettre du 23 septembre.

Depuis mon retour des eaux, j'ai pris connaissance de la correspondance qui s'est échangée entre vous et ma maison.

Je vous confirme tout ce qui vous a été écrit par mon fils. Je suis convaincu que vous vous méprenez sur la portée de ce que vous appelez votre droit ; et, tout en regrettant de me trouver en désaccord avec vous sur la question de principe que soulève le procès dont vous me menacez, je ne puis que vous dire que j'ai pleine confiance dans la justice de notre magistrature. J'ajoute qu'une jurisprudence solidement établie me paraît ne permettre aucune hésitation sur l'issue de l'instance que vous introduiriez.

C'est assez vous dire que je ne saurais m'engager dans les voies de la transaction que vous proposez.

Toutefois, comme, pas plus que vous, je n'aime les instances judiciaires, je suis tout prêt à vous donner le moyen de défendre vos prétentions sans intervention de l'huissier. Si vous le voulez, nous constituerons un tribunal arbitral, composé de deux membres du barreau de Paris ; nous donnerons aux arbitres le droit, en cas de désaccord, de désigner eux-mêmes le tiers arbitre, et nous nous soumettrons, par compromis régulier, à la décision du tribunal arbitral, auquel nous donnerons le pouvoir de juger en dernier ressort.

Je serais heureux, monsieur, que ce mode d'agir vous agréât, et qu'ainsi nous pussions tous deux éviter les ennuis inséparables d'un débat devant les tribunaux.

Veuillez agréer, monsieur, l'expression de mes sentiments distingués,

CALMANN LÉVY.

XIX

A M. CALMANN LÉVY.

Ce 29 septembre 1880.

Monsieur,

J'ai l'honneur de répondre à votre lettre du 27, et c'est pour la dernière fois.

Je voulais, en vous proposant une transaction, vous éviter l'éclat d'un procès que vous perdrez et d'un jugement dommageable à votre maison. Vous me proposez, à votre tour, un arbitrage ; je n'y consens pas. Je demanderai donc justice aux tribunaux, justice et réparation, en droit comme en fait. En droit, vous me parlez d'une jurisprudence constante qui établirait le vôtre : citez-moi des monuments qui détruisent les considérants de l'arrêt de la cour d'appel de Paris, rendu dans un procès entre le légataire et les héritiers de Lamennais en 1857, alors nous verrons (1). Eussiez-vous mille fois raison, en droit, je vous prouverai, par votre propre correspondance et par celle de M. Troubat, et ses agissements, qu'en fait l'un et l'autre, vous avez renoncé à vous prévaloir d'aucune espèce de droit.

Ainsi c'est un procès, et d'ici à quelques jours j'aurai mis, par avant-propos, le public de la librairie et des gens de lettres, à portée de savoir et de juger sur quoi je m'appuie pour vous l'intenter.

Agréez,

F. MORAND.

(1) L'arrêt est du 5 juin 1857. M. Forgues, légataire des papiers de Lamennais renfermés « en partie dans une caisse fermée, en partie déposés dans les armoires de la bibliothèque vitrée de son cabinet, » se mit dans la tête que tous les autres papiers de Lamennais qui se trouveraient ailleurs, en possession de tiers faisaient également partie de ce legs et il intenta aux héritiers de Lamennais un procès qu'il gagna en première instance mais qu'il perdit en appel. « Considérant, dit l'arrêt, qu'en exprimant que les papiers, objets de la disposition, seraient remis à Forgues, le testateur a clairement manifesté qu'il s'agissait de choses présentes et comprises dans son patrimoine ; que cette pensée se corrobore par la faculté donnée à Forgues de choisir ce qui en devra être publié ; — par les termes dans lesquels il est institué, en tant que de besoin, légataire en toute propriété desdits papiers ; *ce qui exclut les correspondances adressées aux tiers et gardées par eux comme leur appartenant*......... » N'est-ce pas là exactement notre espèce et notre cas ?

92

www.ingramcontent.com/pod-product-compliance
Ingram Content Group UK Ltd.
Pitfield, Milton Keynes, MK11 3LW, UK
UKHW020439220726
13923UKWH00005B/2210

9 782019 227395